Meine Erstaunliche Verhaltensserie für kleinkinder

Ich Habe Eine Wichtige Aufgabe.
Ich Bin Ein
GROSSER
BRUDER!

Affirmationsbuch für kleinkinder Ein Geschwisterchen Kommt! (2–4 Jahren)

Von Suzanne T. Christian

TWORAVENS
BOOKS

Two Little Ravens
CHILDREN'S NON-FICTION BOOKS

Taschenbuch Ausgabe: 9781968080181
Gebundene Ausgabe: 9781968080198
Digitale Ausgabe: 9781968080204

Veröffentlicht in den Vereinigten Staaten von Two Ravens Books LLC,
254 Chapman Rd, Ste 209, Newark DE 19702

„Erweitern Sie Ihren Geist, befreien Sie Ihre Fantasie, ein Titel nach
dem anderen."
www.tworavensbooks.com

Herzlich willkommen bei
"Ich Habe Eine Wichtige Aufgabe. Ich Bin Ein Grosser Bruder!"

Dieses liebevoll gestaltete Buch ist ein kleinkindgerechter Begleiter, der deinem kleinen Schatz hilft, die Aufregung über ein neues Geschwisterchen zu entdecken und zu genießen. Auf den folgenden Seiten findest du leicht verständliche Affirmationen und nachvollziehbare Alltagssituationen, die Einfühlungsvermögen, Stolz und Zusammenarbeit fördern.

Lebendige Illustrationen zeigen vertraute Momente aus dem Familienalltag und machen jede Vorlesestunde zu einem fröhlichen, stärkenden Erlebnis. Durch das Wiederholen dieser sanften Botschaften gewinnt dein Kind an Selbstvertrauen und lernt gleichzeitig, sein neues Geschwisterchen mit Freundlichkeit und Geduld zu begleiten.

Mach dich bereit für eine wunderbare Reise voller Nähe und Entdeckungen - und hilf deinem Kind dabei, der beste große Bruder zu werden, der es sein kann!

Suzanne T. Christian

Ich bin ein großer Bruder, und das ist meine besondere Aufgabe!

Ich mache lustige Grimassen,
damit Baby _____ lacht.

Mit meinen sanften Händen beschütze ich Baby _____.
Ich bin ein großer Bruder!

Ich kann Baby _____ mein Lieblingsspielzeug zeigen, wenn Mama gerade beschäftigt ist.

Manchmal werde ich traurig, wenn Mama
Baby _____ kuschelt,
aber ich weiß, dass Mama
mich auch liebt!

Auch wenn Mama
Baby _____
im Arm hält, liebt
sie mich trotzdem!

Ich kann beim Windelwechseln helfen, indem ich die Feuchttücher reiche – was für eine große Aufgabe!

Ich kann Baby _____ zeigen,
wie man in die Hände klatscht.
Das macht Spaß!

KLATSCH

KLATSCH

Die winzigen Hände von Baby _____ halten
meinen Finger – und das macht mich fröhlich.

Wenn Baby _____ weint,
kann ich ein Kuscheltier
bringen, um zu helfen.
Ich bin ein großer Bruder!

Meine sanften Umarmungen lassen Baby _____
warm und geliebt fühlen. Ich bin ein großer Bruder!

Ich benutze meine leise Stimme, wenn Baby

_____ schläft.

Ich lese Baby _____

gern etwas vor.

Manchmal sind die Wörter

richtig lustig!

Ich habe eine wichtige Aufgabe. Ich kann Baby _____ die Flasche holen. Ich bin ein großer Bruder!

Es macht Spaß, Baby _____
mit einem lustigen Kuckuck-Spiel
zum Lachen zu bringen.

Ich kann Baby _____ zeigen, wie man einen Ball rollen lässt.

roll, roll, roll!

Wenn Baby _____ laut ist,
bleibe ich ruhig und gelassen.

Es ist okay, wenn Baby _____ viel weint.
So sprechen Babys!

Ich kann Baby _____ neue Wörter beibringen: „Mama", „Papa", und „Bruder!"

Mama

Papa

Bruder

Ich kann Baby _____ einen sanften Kuss auf den Kopf geben.

Wenn Baby _____ lächelt,
freue ich mich sehr!

Ich Habe Eine Wichtige Aufgabe.

Ich Bin Ein

GROSSER

BRUDER!

Ende!

Meine Erstaunliche Verhaltensserie für Kleinkinder

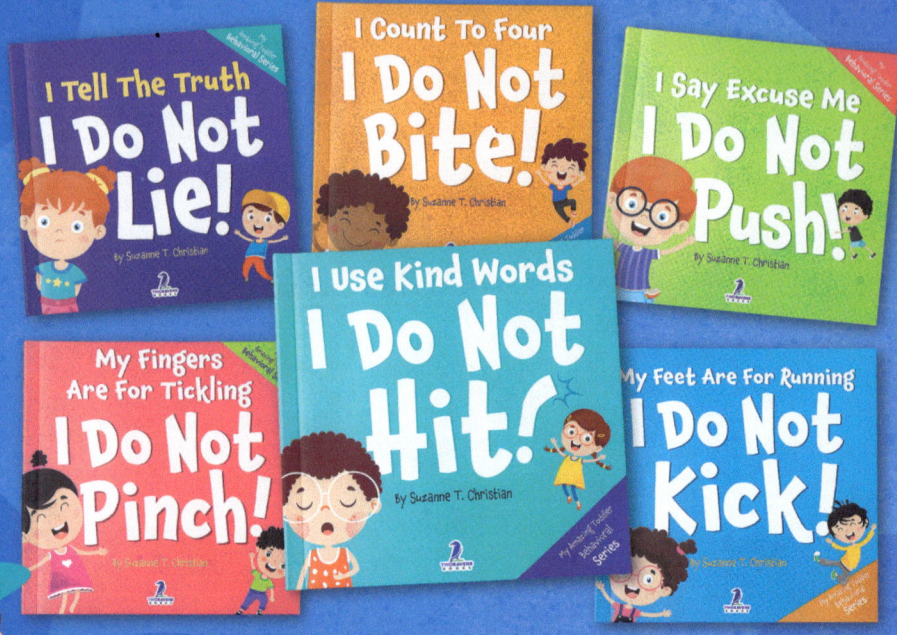

Entdecken Sie
Suzanne T. Christian's beliebte serie
**'Meine Erstaunliche Verhaltensserie
für Kleinkinder.'**
Junge leser werden es sicher genießen!

Liebe/r erstaunliche/r Leser/in,

Vielen Dank, dass sie „Ich Habe Eine Wichtige Aufgabe. Ich Bin Ein Großer Bruder!" mit mir gelesen haben. Wenn dieses buch ihr herz berührt oder bei einem jungen leser etwas bewirkt hat, wäre ich ihnen dankbar, wenn sie ihre gedanken in einer rezension mitteilen könnten. Ihr feedback inspiriert mich bei meiner zukünftigen arbeit und hilft anderen, den zauber dieser Seiten zu entdecken.

Wenn sie vorschläge oder ideen zur verbesserung des buches haben, würde ich mich freuen, direkt von Ihnen zu hören. Wenden sie sich bitte an mich unter suzanne.christian@tworavensbooks.com. Ihre stimme zählt, und ich weiß sie sehr zu schätzen.

Mit aufrichtiger dankbarkeit,